LA

RÉFORME NÉCESSAIRE

Imprimerie de Poissy. — S. Lejay et Cⁱᵉ.

LA
RÉFORME NÉCESSAIRE

PAR

E. PASCAL

ANCIEN CONSEILLER D'ÉTAT

« La tyrannie des législateurs
est le danger le plus redoutable. »

JEFFERSON.

PARIS

LIBRAIRIE GÉNÉRALE DE L. SAUVAITRE

72, BOULEVARD HAUSSMANN, 72

—

1886

LA
RÉFORME NÉCESSAIRE

I

La République est établie en France depuis seize ans ; elle a vécu plus longtemps que la Restauration et le premier Empire. Ses débuts ont été marqués par les patronages les plus divers ; elle a vu successivement passer dans ses conseils des hommes d'état de tous les régimes, et, par une fortune rare, ceux-là mêmes qui ne l'avaient acceptée que pour s'en servir, ont travaillé plus utilement que ses amis à la rendre nécessaire. Les partis ne contestent plus que pour la forme, une légalité que le suffrage universel protège et qu'ils acceptent enfin comme le champ naturel de leur opposition.

A ne juger les choses que sur les apparences, on pourrait croire que toutes les conditions d'un gouvernement libre sont remplies, et que nous n'avons plus désormais qu'à nous abandonner aux agitations régulières de la vie publique.

Et cependant, comment se fait-il que les républicains soient condamnés à discuter encore à quelles conditions la république peut devenir un gouvernement ? Comment ces questions élémentaires, qui ne se posent d'ordinaire qu'à l'origine d'un régime nouveau, sont-elles l'objet constant de leurs préoccupations et l'iné-puisable sujet de leurs controverses ?

La république dure ; mais elle n'a acquis aucune des qualités qui sont le privilège de la durée. C'est d'elle surtout qu'on pourrait dire ce que les monarchistes, ses parrains, disaient du roi : la République règne et ne gouverne pas.

Constituer, dans la république parlementaire, un gouvernement qui gouverne, et qui ait à la fois de l'initiative, de l'esprit de suite et de l'autorité, tel est le problème dont les républicains, depuis dix ans, poursuivent la solution, et sur lequel ils tiennent bureau ouvert de consultations politiques.

Les uns confessent que le scrutin de liste a trahi toutes leurs espérances, et proposent, sans fierté, de revenir au scrutin d'arrondissement. Les autres s'alarment d'une telle inconstance, et, désespérant de s'entendre sur un programme politique, s'appliquent à chercher dans les réformes économiques et sociales la formule de l'alliance fragile à laquelle tout ministère doit à l'avenir borner son ambition. Enfin quelques conservateurs avisés, reconnaissant que l'hostilité passionnée à laquelle ils ont dû leur siège, les prive de toute influence et de tout crédit dans le parlement, demandent à la droite monarchique de se rapprocher de la république à laquelle ils offrent une sorte de désarmement résigné.

Toutes ces tentatives, quelles que soient la diversité de leur origine et la variété de leurs moyens, présentent ce trait commun que leurs auteurs cherchent dans les chambres, dans le groupement des forces législatives, dans la formation en un mot d'une majorité parlementaire, le secret de cette stabilité relative qu'exige la sécurité des intérêts.

J'oserais affirmer que les uns et les autres tombent dans une commune erreur.

Les républicains, il faut le reconnaître, ont à faire face à un danger pressant qui ne leur laisse plus le choix des moyens. Comment pourraient-ils, sans compromettre leur cause, donner plus longtemps au pays le spectacle de leurs divisions et de leurs querelles? Ils vont au plus pressé ; c'est là leur excuse.

Mais que penser de ces conservateurs qui croient encore que quelques atténuations de langage, une opposition plus discrète et plus réservée, pourrait suffire pour ressaisir la direction du suffrage universel?

L'idée de constituer, avec des royalistes patients, une droite républicaine qui ne se distingue jusqu'ici du centre gauche que par le désir de ne pas partager son indigence, n'a rien assurément d'original et de nouveau.

Il suffit de jeter le plus rapide coup d'œil sur l'histoire de ces dernières années pour constater que cette évolution a tous les caractères d'un accident périodique, et qu'elle se produit, toutes les fois que le suffrage universel après des entraînements irréfléchis marque brusquement un temps d'arrêt, et se refuse à courir plus longtemps les aventures d'une politique de renversement.

Cette conduite agitée qui n'est pas exempte de quelque incohérence, ces offres de concours loyal, succédant tout à coup aux vivacités d'une hostilité impatiente, cette politique à deux fins qui a la prétention de transiger sur la forme afin de réserver le fond, est le produit naturel de l'école parlementaire et des fausses idées qu'elle entretient sur le suffrage universel et sur le rôle des partis dans le gouvernement de la démocratie.

L'erreur consiste à croire que le suffrage universel peut se plier aux subtilités de la tactique parlementaire, et qu'il suffit de grouper quelques hommes, par des formules ingénieuses, par des réticences habilement nuancées, pour trouver aussitôt, dans le pays, une clientèle capable de seconder ces efforts.

Ces combinaisons délicates et raffinées ne franchissent jamais l'enceinte du parlement, et ceux qui les ont poursuivies, avec une persévérance qui dépasse rarement la durée d'une législature, s'empressent d'y renoncer aussitôt qu'ils sont ramenés devant le corps électoral.

Comment les nouveaux constitutionnels, instruits par de tels exemples, ne voient-ils pas qu'ils sont le jouet d'une illusion et que ce qu'il prennent pour une réalité est une pure conception de leur esprit?

L'opération intellectuelle qui consiste à juger la politique conservatrice en elle-même, à la dégager de toute forme de gouvernement, et à traiter celle-ci comme une question secondaire et négligeable, tient aux procédés d'un scepticisme élevé qui heurte l'esprit simpliste de l'électeur français. L'ouvrier, le paysan, le bourgeois rural qui constitue l'élément prépondérant de notre démocratie agricole, ne comprendra jamais qu'on se résigne à la république et qu'on la serve par voie de prétérition. Il est plus pratique et plus droit.

Il demande qu'on la combatte ou qu'on l'accepte. Or, accepter la république, c'est prendre l'engagement d'en reconnaître le principe, d'en poursuivre l'application et d'en assurer l'établissement.

Et en cela, il faut bien le dire, le suffrage universel nous donne une leçon de méthode dont il serait temps de faire notre profit. Nous piétinerons éternellement dans l'insoluble, tant que nous n'appliquerons pas à la politique cette sûre et puissante méthode d'observation à laquelle les sciences ont dû ces progrès merveilleux qui transforment le monde.

Or, s'il est un principe dont il faille tenir compte, quand on se pique de faire de la politique méthodique et suivie, c'est celui qui consiste à donner à chaque fait son véritable rang et sa véritable valeur, à ne pas discuter l'accessoire quand on n'est pas d'accord sur le principal, à ne pas chercher à concilier ce qui est inconciliable, et à n'admettre enfin de concessions et de compromis qu'entre gens divisés sur les questions secondaires.

Ne voit-on pas qu'il est un fait qui domine toutes nos controverses et sur lequel il est nécessaire de s'expliquer et de se classer? Ce fait, c'est la république.

Les partis intermédiaires s'appliquent à détourner l'opinion de ce classement rationnel. Ils s'y dérobent pas des déclarations équivoques, afin de ménager toutes les alliances. Il n'est pas de périphrase à laquelle ils n'aient recours pour éviter de prononcer le mot décisif sur lequel doit se faire cependant la première bifurcation des partis.

Étrange contradiction que la leur ; car si la forme républicaine, ainsi qu'ils le déclarent, n'est pas incon-

ciliable avec la défense des intérêts conservateurs,
comment lui refuser son adhésion définitive et pourquoi se borner à la prendre à l'essai ?

Les échecs irréparables qu'ont subi les anciens partis,
syndiqués sous le patronage du Maréchal de Mac-Mahon, ne devraient-ils pas ouvrir les yeux à l'évidence ? N'avons-nous pas vu ce qu'il en coûte de n'offrir au suffrage universel que des abstractions conservatrices ?

L'expérience comme la logique nous ramène donc à
cette question initiale, à laquelle il n'est plus possible
de se dérober, qui domine toutes les autres et qui
s'impose à l'esprit, aussitôt qu'on entre dans le domaine de la politique pratique :

Faut-il accepter la république ?

II

Je m'inquiète peu de savoir si la république est vraiment la forme rationnelle d'une société qui repose sur
le principe de la souveraineté du peuple, le terme nécessaire de notre évolution démocratique. Ces questions de dogmatique républicaine me laissent fort indifférent, étant de ceux pour qui la politique est avant
tout la science du contingent et du relatif. Mais il est
un argument de bon sens qui parle plus haut que toutes
les raisons de doctrine.

La république s'impose par cela seul que tout régime

monarchique est désormais impossible en France et que l'hérédité est inconciliable avec le gouvernement de la démocratie.

Les royalistes de vieille souche voient dans le Roi le représentant d'un droit supérieur à la volonté du peuple. Aux yeux des monarchistes venus de l'orléanisme, la royauté n'est plus qu'un rouage politique, destiné à régler les mouvements de l'opinion, par l'action permanente d'un pouvoir héréditaire.

Pour les premiers, la royauté est une foi. — La foi est morte

Pour les seconds, la royauté n'est plus qu'un frein.— Le frein est brisé.

La monarchie a eu ses grandeurs et ses gloires. Gardons-nous de méconnaître, et son rôle dans notre histoire, et les services qu'elle rend dans les pays qui ont su concilier le respect de l'hérédité avec les garanties d'un gouvernement libre.

Mais partout où la monarchie a gardé son autorité et son prestige, elle s'appuie sur des éléments politiques et sociaux que nos révolutions ont détruits et que le suffrage universel a scellés dans la tombe.

Ce que le peuple redoute dans la monarchie, c'est moins le principe d'autorité qu'elle représente que l'état social auquel elle répond, dont elle est la garantie nécessaire, et avec lequel la France a définitivement rompu.

La monarchie ne se conçoit pas sans des privilégiés qui gouvernent. Si l'aristocratie lui fait défaut, elle se crée une clientèle. Après dix-huit ans de règne, l'électorat bourgeois du roi Louis-Philippe était aussi impopulaire que la noblesse de Charles X.

Je voudrais, pour ceux qui s'obstinent à fermer les yeux à l'évidence, supposer un instant que la royauté est rétablie en France. Qu'on me dise comment la monarchie vivra.

La monarchie ne peut plus être despotique. De tous les despotismes, celui que le peuple déteste le plus c'est le despotisme, royal. Le peuple n'accepte la dictature que lorsqu'il l'institue et quand elle vient de lui.

La monarchie sera donc libérale, c'est-à-dire parlementaire, car le régime parlementaire est la transaction nécessaire entre l'hérédité et la souveraineté de l'opinion.

Voit-on les ministres de Philippe VII condamnés à lutter, dès le premier jour, contre tous les ennemis de la royauté, coalisés pour la défense de la souveraineté du peuple, et décidés à passer à travers la responsabilité ministérielle pour atteindre le souverain dans son principe et dans son droit!

Le roi, a-t-on dit, usera de sa prérogative. Qu'entend-on par là? La seule prérogative de la couronne, c'est le droit de dissolution. Et si le peuple consulté répond à l'appel du souverain en lui envoyant une majorité hostile à la monarchie, qui donc restera le maître? Sommes-nous destinés à voir de nouvelles Ordonnances signées par le petit-fils du roi de Juillet?

Jetez les yeux sur le pays : mesurez la puissance des contingents dont la république dispose ; calculez la force de cohésion qui se développera au contact d'un ennemi commun, et dites-moi si le rêve d'une monarchie constitutionnelle, présidant du haut de son irresponsabilité fictive au jeu régulier des partis, n'est pas la plus folle de toutes les chimères?

Je le répète, et Dieu me garde d'en triompher, car je ne suis pas de ceux qui assistent sans une émotion attristée à l'écroulement de cette grande force sociale, la monarchie est morte.

Elle est morte, parce qu'elle repose sur un principe qui a perdu tout empire sur les âmes. Elle est morte, parce que l'état social auquel elle répond a disparu à jamais. Elle est morte enfin parce que la fiction parlementaire, qui est sa suprême ressource, est incapable de résister au premier assaut du suffrage universel.

Il faut donc que les conservateurs le sachent bien. De tous les régimes qui sollicitent leur concours, il n'en est pas de plus précaire que la monarchie. De tous les moyens de déchaîner la révolution, il n'en est pas de plus sûr que de la provoquer par une restauration monarchique.

Mais dans la voie où l'expérience et la logique nous poussent, rien ne serait plus périlleux que de rester en chemin. Laissons là cette politique vaine qui consiste à réserver la forme du gouvernement, à dissimuler son importance par des généralités évasives qui ne trompent personnes, à grouper dans des coalitions éphémères les éléments divergents des partis monarchiques. Allons droit à la question.

Si la république s'impose à notre patriotisme comme à notre bon sens, si elle est vraiment la seule forme de gouvernement qui s'adapte aux nécessités de notre société démocratique, n'hésitons plus à l'accepter, et travaillons loyalement à la fonder.

Mais comment peut-on fonder la république ?

III

C'est un curieux spectacle que l'unanimité de l'opinion sur l'action abusive du pouvoir législatif dans le gouvernement de la République.

Les effets de cette omnipotence sont si visibles que je me demande tous les jours comment il n'est venu à la pensée d'aucun publiciste de dégager la république, étudiée dans les principes essentiels qui la constituent, des responsabilités que ses ennemis font peser sur elle et qui tiennent à l'essence même du régime constitutionnel auquel elle a été accidentellemen liée.

Ne serait-il pas facile de démontrer que notre mauvaise gestion financière, l'imprévoyance avec laquelle ont été conduites nos entreprises lointaines, les sottes entraves mises à la liberté de conscience, les incertitudes de notre politique extérieure que tout ce qu constitue en un mot les embarras ou les périls de la situation présente, se justifie par des nécessités parlementaires auxquelles le plus habile homme d'État eû pu difficilement se soustraire et que le vrai coupable, c'est le parlement, ou pour mieux dire : le gouvernement du pays par les Chambres.

Et qu'on n'essaie pas de faire croire que la constitution d'une majorité homogène pourrait conjurer ou diminuer les périls d'un tel régime. Ne voit-on pas au contraire que les plus lourdes fautes ont été couvertes par une majorité ardente à dissimuler ses erreurs ? Quand la majorité parlementaire sent que l'opposition triomphe de ses mésaventures, elle n'a plus d'autre souci que d'égarer l'opinion, afin de se soustraire à ses arrêts. Le ministère ne vit alors qu'en servant la majorité par ses dissimulations et par ses mensonges. Les plus cruels échecs de notre politique coloniale ont tenu à cette complicité du cabinet et de la majorité qui est l'inévitable conséquence du régime parlementaire.

Les républicains raillent avec raison la nouvelle droite constitutionnelle de son indifférence sur la forme du gouvernement. Ne tombent-ils pas dans la même erreur, quand, au mépris de toutes les traditions de leur parti, ils affectent cet étrange dédain pour les constitutions écrites et croient que la sagesse et la discipline peuvent suffire à tout. Non, la volonté de gouverner ne suffit pas. Il faut que les institutions s'y prêtent.

Le cabinet disloqué que M. de Freycinet dirige, et dans lequel il a tant de peine à retenir les ministres, toujours prêts à s'évader, paraît être destiné à précipiter l'expérience et à présenter enfin aux plus obstinés républicains une de ces démonstrations topiques qui ne laissent place à aucune illusion.

Les élégantes digressions, avec lesquelles l'orateur délié du banquet de Toulouse a essayé de persuader au pays qu'il avait un programme, ont eu pour résultat de faire éclater à tous les yeux la stérilité de cette politique négative qui est imposée à sa prudence par une majorité hétérogène dont il doit se ménager l'appui.

Si M. de Freycinet avait une politique précise, ce dont il a toujours pris soin de se garder, ne serait-il pas abandonné aussitôt par une des fractions de cette coalition instable qui le soutient, non pour ce qu'il fait, mais pour ce qu'il empêche. Nous voilà donc, après onze ans de république parlementaire, arrivés à ce curieux résultat que la stabilité d'un ministère ne tient plus désormais qu'à l'impossibilité où l'on est de le remplacer. Dans de telles conditions — la peur de la monarchie aidant — on peut encore faire de l'équilibre, mais qui donc oserait dire qu'on peut faire du gouvernement?

Et j'insiste sur ce point ; car cette situation n'a rien d'accidentel et de transitoire. Elle est au contraire l'état normal et permanent de la république parlementaire, dans un pays comme le nôtre, où des partis dynastiques, grossis par tous les mécontents, sont à l'état de guerre ouverte contre les institutions du pays.

Ce serait, à mon avis, une étrange illusion que de compter voir un jour les antagonismes et les divergences qui se produisent chez les républicains se réduire à deux grands partis bien tranchés, ayant chacun ses chefs, son drapeau et ses cadres, et exerçant alternativement le pouvoir. Notre démocratie est réfractaire à cette organisation méthodique des forces législatives. Mais la formation de ces deux partis républicains fût-elle possible, ne voit-on pas que l'hostilité systématique des ennemis de la république suffirait à troubler les conditions de cette compétition loyale qui est la condition essentielle du régime parlementaire.

Les élections du 4 octobre 1885, commentées par

les élections départementales du 1ᵉʳ août, ne démontrent-elles pas que si les royalistes ne sont pas de taille à marcher ouvertement à la conquête du pouvoir, ils sont assez forts, grâce aux habiles réticences avec lesquelles ils savent spéculer sur les intérêts alarmés, pour constituer une opposition systématique qui en mettant les républicains dans la nécessité de s'entendre les met par cela même dans l'impossibilité de gouverner.

Je me garderais de soutenir assurément que la coalition est dans tous les cas une tactique condamnable. On ne saurait contester, par exemple, qu'elle fut naturelle et légitime au 16 mai, alors qu'il s'agissait, pour les républicains de toute nuance, de repousser l'assaut de l'ennemi commun. Mais on m'accordera qu'elle ne saurait être l'état normal d'une majorité parlementaire. On se coalise pour renverser ou pour se défendre ; mais on ne gouverne pas avec une coalition qui ne vit que de réticences et de compromis. La « concentration » est la négation même de tout parti de gouvernement.

Et cette alliance que les républicains justifient par des nécessités qu'ils affectent de considérer comme transitoires, elle s'impose aujourd'hui dans le Parlement, contre une droite royaliste trop forte pour être dédaignée ; elle s'imposera demain, quand on rencontrera les mêmes ennemis devant le suffrage universel. On se concentrera pour se faire élire, comme on se concentre pour gouverner. Et il en devra toujours être ainsi, — M. de Freycinet nous en a fait l'aveu, — jusqu'au jour où le corps électoral tout entier se sera converti à la République. Si le fonctionnement régulier de la république parlementaire est à ce prix, on peut s'armer de patience.

Voilà bien le nœud de l'inextricable difficulté dans laquelle se débat le régime inauguré ou restauré par nos lois constitutionnelles.

Eh bien, supposons un instant qu'on puisse un jour faire sortir du suffrage universel une majorité assez forte pour braver toutes les coalitions. Croit-on que le cabinet qui en prendrait la direction put avoir assez d'indépendance pour conduire utilement les affaires du pays ?

Je voudrais faire appel à tous ceux qui ont porté, depuis dix ans, les responsabilités du pouvoir.

Ce ministère sera soutenu, je l'admets, par une majorité fidèle. Mais sait-on à quel prix il achètera la vie ?

Dans un pays où l'Etat a la main sur tout, où les plus modestes fonctions relèvent de lui, où tous les services sont centralisés, où on ne peut construire ni une route ni un pont sans que le gouvernement en décide, comprend-on de quel poids pèseront sur les ministres les exigences des députés dont le souci naturel est d'entretenir le dévouement et le zèle de leurs amis ?

Tout a été dit, et par les républicains eux-mêmes, sur les conséquences de cette ingérence oppressive. — Gouverner, c'est diriger. — Dans la république parlementaire, gouverner, c'est servir.

Ainsi, à quelque point de vue qu'on se place, soit qu'on juge le régime parlementaire en lui-même et dans les applications qu'on en peut faire à la république, soit qu'on étudie les difficultés qu'il rencontre dans notre démocratie, tout homme de bon sens reconnaîtra que ce n'est pas en organisant des partis plus ou moins disciplinés, en formant des majorités plus ou moins homogènes qu'on écartera des dangers qui tiennent exclusivement à un vice organique de notre régime constitutionnel.

IV

Je ne sais plus quel est l'écrivain politique qui a défini le parlementarisme par ces simples mots : « C'est cette institution ou ce rapport constitutionnel en vertu duquel les ministères sont constitués et défaits par les votes des Chambres législatives. » — On n'est pas plus précis.

Le parlementarisme n'est pas, comme on l'écrit tous les jours, le gouvernement du pays par le pays, formule vague et qui ne répond à aucune réalité, c'est le gouvernement du pays par les Chambres, ce qui est très différent.

Lorsque les Américains, anciens sujets de la monarchie parlementaire, élevés et comme façonnés à cette école, entreprirent de rédiger la Constitution, leur premier soin fut de rompre avec un régime dont ils avaient connu et apprécié les garanties, mais qu'ils jugeaient inapplicable au gouvernement de la démocratie.

Avec cet esprit judicieux et pratique qui n'est que l'intelligence des intérêts, ils comprirent que dans une société où la vie représentative a acquis son plein développement, toute autorité doit émaner de l'élection, et que, dans ces conditions nouvelles, le contrepoids de l'hérédité étant supprimé, l'équilibre des pouvoirs, tel qu'il existe dans la monarchie parlementaire, est naturellement rompu.

Ils savaient comment le pouvoir électif, alors même qu'il est contenu et tempéré par la royauté, tend, par la force qui lui est propre, à dominer et à absorber tous les autres pouvoirs. Ils avaient sous les yeux l'exemple de l'Angleterre. Si les Communes qui n'avaient à l'origine que le droit de s'opposer à un impôt nouveau, en étaient venues peu à peu à se faire, dans les conseils du pays, une place prépondérante, que ne devait-on pas redouter de la Chambre des représentants, alors que celle-ci n'aurait en face d'elle qu'un exécutif élu et temporaire. Ils en conclurent que la république démocratique, qu'ils avaient entrepris d'organiser, ne se prêtait pas au régime parlementaire dont le jeu délicat ne s'adapte qu'à la monarchie représentative, et que c'était à d'autres combinaisons qu'il fallait demander l'équilibre des pouvoirs.

Il faut lire dans *les Papiers de Madison*, qui ne sont que les comptes rendus fidèles de la Convention de Philadelphie et surtout dans *le Fédéraliste* où Alexandre Hamilton a discuté ces questions avec une lucidité incomparable, il faut lire ces dissertations qui composent le meilleur traité qu'on ait jamais écrit sur la séparation des pouvoirs dans la république.

On y surprend à chaque page le secret de notre impuissance ; on y mesure la distance qui sépare de nos écoles républicaines, ces libéraux clairvoyants, qui, après s'être affranchis des traditions de la monarchie, surent, en même temps, se dégager des préjugés

ombrageux contre le pouvoir exécutif qu'entretien-
nent trop souvent les passions démocratiques. Ils
comprirent qu'il n'y a pas de gouvernement capable
de sauvegarder la liberté de tous, si l'exécutif manque
d'indépendance et de vigueur, si les éléments supérieurs
de la vie centrale, si ce qu'ils appellent la bureaucratie
exécutive n'est pas soustraite aux passions, aux entraînements et aux intrigues de l'assemblée popu-
laire.

Après de longs débats, dans lesquels les principes de
l'école parlementaire furent défendus par des hommes,
comme Roger Sherman, qui soutenaient que la magis-
trature exécutive devait être organisée pour faire les
volontés du législatif, la majorité repoussa ouvertement
un régime qui mettait le gouvernement dans les Chambres, et, après avoir enfermé le pouvoir législatif dans
la sphère qui lui est propre, elle institua un pouvoir
exécutif, indépendant et fort, dans la personne d'un
président, élu par la nation, responsable devant elle, et
investi des prérogatives nécessaires à l'accomplissement
de sa haute mission.

Ce que les Américains redoutaient ce n'était pas
que le pouvoir exécutif fût jamais tenté de faire acte
de souverain, ce n'était pas que le Sénat pût usurper
sur les élus du peuple, non, ce qu'ils voulaient
empêcher à tout prix, c'était l'empiètement du pouvoir
législatif sur le pouvoir exécutif : « La tyrannie des
législateurs, écrit Jefferson, est le danger le plus redoutable. »

Le pouvoir exécutif, tel que les Américains l'ont
compris et institué, n'est, ni le souverain irresponsable, ni notre président soliveau, instrument passif

d'une majorité parlementaire, c'est le représentant actif d'une politique, publiquement débattue, qu'il a mission d'appliquer pendant la durée de son mandat, et qu'il applique, sous sa responsabilité, par des ministres qui sont ses agents et qui ne relèvent pas des Chambres. La machine est montée pour la durée de la présidence, et, pendant ce temps, elle est mise à l'abri de tout accident.

La forme républicaine offre sans doute cet inconvénient que la vacance du pouvoir soumet le pays à des crises périodiques ; mais ces crises du moins peuvent être limitées et régularisées. Elles ont des échéances fixes. Une fois passées, la stabilité est assurée pour un temps déterminé, la nation se remet au travail, et rentre dans les conditions de sa vie normale.

Dans la monarchie parlementaire, le pouvoir suprême n'est jamais vacant ; mais le gouvernement est toujours contesté. La crise est à l'état latent et permanent, puisqu'elle tient à un vote des Chambres et au renversement du cabinet.

Il nous appartenait d'inventer une forme de gouvernement qui réunirait les inconvénients de la république et les inconvénients de la monarchie parlementaire, et qui ajouterait aux crises inséparables de tout pouvoir électif, les crises qu'entraîne la responsabilité ministérielle. — C'est la quintescence de l'instabilité.

On peut assurément concevoir la République sous bien des formes. Je comprends la théorie du gouvernement direct. C'est une utopie qui a sa grandeur. Je comprends la République sans pouvoir présidentiel. C'est la Convention. Mais quand on admet la nécessité d'un pouvoir exécutif, distinct des Chambres et contrôlé par elles, je ne comprends pas qu'on persiste à appliquer à la république le régime de la monarchie, à traiter un président élu comme un souverain héréditaire, et qu'on s'obstine à fermer les yeux sur cette contradiction révoltante qui brave les principes de la démocratie comme les lois du sens commun : un mandataire irresponsable ! — Cela ne s'est vu, je crois, dans aucun pays, ni dans aucun temps.

Et qu'on n'essaie pas de récuser l'exemple des Américains en insistant sur le lieu commun habituel qui consiste à marquer les différences profondes qui séparent une société nouvelle de notre vieille civilisation. Assurément il faut, dans la plupart des cas, se garder de toute imitation servile. Mais ici, et en ce qui concerne le pouvoir exécutif, les constituants de Philadelphie n'ont fait qu'appliquer les principes généraux qui sont les règles mêmes de la sagesse, et qu'ils ont appris à notre école.

Oui, c'est à l'école des publicistes et des penseurs qui ont préparé ce mouvement de 89, que les Américains ont appris le respect du principe de la séparation des pouvoirs, dont ils ont fait la base de leur régime constitutionnel, et, le principe une fois posé, ils n'en ont éludé aucune des conséquences.

« La même règle, écrit Alexandre Hamilton, en vertu
« de laquelle l'utilité de la séparation des pouvoirs est
« démontrée, établit en même temps que cette sépara-
« tion doit être effectuée de manière à rendre chacun
« d'eux indépendant des autres. A quoi bon séparer le
« pouvoir exécutif du pouvoir législatif, si le premier
« est constitué de telle sorte qu'il soit à la dévotion
« absolue du second? Une séparation de ce genre ne

« peut être que purement nominale, si elle est
« incapable d'accomplir l'objet pour lequel elle est
« établie. »

Le pouvoir législatif et le pouvoir exécutif doivent
donc être distincts par leur origine, comme par leurs
attributions, c'est la condition même de leur pon-
dération.

Comment se fait-il qu'on ne puisse pas énoncer, parmi
nous, ces vérités élémentaires, sans être suspect de
poursuivre les plus noirs desseins et d'incliner au césarisme ? La République est-elle donc si étroitement liée
au régime parlementaire qu'on ne puisse pas la concevoir en dehors de lui ? Quel étrange oubli de notre
histoire !

Mais ce système des deux Chambres, gouvernant
sous le nom d'un souverain irresponsable, par des
ministères constitués et défaits par une majorité législative, ne sait-on pas d'où il nous est venu ? Ignore-
t-on qu'il est d'origine monarchique et d'importation
anglaise, que nous le devons à la charte octroyée de
1814, et qu'il nous a été imposé pour réconcilier la
vieille royauté avec la France de la révolution que
l'hérédité des Bourbons offusquait et qu'il fallait
désarmer ?

Etrange rapprochement ! Soixante ans après, les
républicains acceptent de fonder la République, par
voie de transaction, ce que M. Gambetta, qui s'était
longtemps défendu d'un tel dessein, appelait alors
la fondation oblique. Les républicains consentent à
prendre humblement la suite du Septennat ; ils se rési-
gnent à insérer, tel quel, dans la constitution, ce pouvoir
qui a été institué pour les combattre et leur barrer le

chemin ; ils acceptent, au nom de la république, un exécutif dont ils n'ont discuté ni la durée, ni le caractère, ni les attributions ; et non seulement ils acceptent ce pouvoir des mains de la droite, mais ils en subissent le titulaire. Et de même que les libéraux de 1814 avaient essayé de désarmer la couronne en fesant le roi inviolable et irresponsable, de même les républicains de 1875 sont conduits, pour se garder contre le pouvoir exécutif qu'ils tiennent pour un ennemi, de lui conférer l'irresponsabilité d'un souverain.

Ainsi, en 1875 comme en 1814, le régime parlementaire n'a été qu'un expédient et un compromis.

Mais comment les républicains ont-ils été amenés à déserter les principes et les traditions de la révolution française, pour s'attacher à un régime dont les fictions répugnent à notre bon sens pratique, auquel le pays ne s'est jamais associé, qui n'a pas sauvé la royauté, et qui perdrait sûrement la république, et la France avec elle, si on s'obstinait à l'imposer plus longtemps au suffrage universel ?

La question vaut la peine d'être examinée.

V

La République n'a pas été constituée par un acte réfléchi de la souveraineté nationale. Elle était là, quand le pays reprit possession de lui-même. On l'accepta, en attendant, comme un expédient patriotique, comme une sorte de terrain neutre sur lequel tous les partis pourraient travailler ensemble au relèvement de la patrie. L'œuvre accomplie, elle s'imposa, grâce à la division des partis monarchiques, par un véritable tour de main législatif.

Les républicains qui ont conduit sa fortune, avaient appartenu, pour la plupart, à la gauche parlementaire, qui fit avec éclat, sous le second Empire, la campagne des libertés nécessaires. Après avoir, pendant quinze ans, sommé le pouvoir de subir l'omnipotence législative, comment s'étonner qu'au jour du triomphe, le régime parlementaire ait comblé les vœux de ces libéraux en retard.

Rendons cette justice à M. Gambetta qu'il eut un jour le sentiment de la déviation que l'école parlementaire fesait subir aux principes démocratiques. Il est impossible de lire son discours du 5 avril, sur le plébiscite, sans être frappé du souffle nouveau sous lequel vibre sa parole. Avec une autorité incomparable, il dégage les revendications de son parti de la phraséologie ordinaire, pour ressaisir les traditions oubliées de la Révolution française. En s'élevant, il devient équitable, et, cédant comme malgré lui aux affinités naturelles qui le rapprochent du gouvernement qu'il combat, il fait honneur à l'Empire de s'être élevé par le suffrage universel *rétabli et maintenu.* « Je lui sais gré, s'écrie-t-il, d'avoir empêché la prescription du suffrage universel. »

Les grands revers ont fait l'oubli sur cette heure incertaine, mais quand on se reporte à l'émotion que le pays ressentit sous l'action de cette parole puissante qui brisait avec tous les vieux préjugés de l'école libérale, on se demande si M. Gambetta, quel qu'ait été l'éclat de sa fortune, n'a pas perdu, dans nos désastres, la meilleure part de sa gloire et s'il n'était pas destiné à détourner l'Empire des fictions parlementaires, pour le remettre dans la voie des réalités démocratiques, où il eut trouvé peut-être une nouvelle vie.

Les généreuses folies de la guerre à outrance livrèrent le suffrage universel affolé aux partis monarchiques, les seuls que ne pussent atteindre les responsabilités de nos malheurs. Contre une réaction si menaçante, les républicains trouvèrent une garantie dans M. Thiers. Ils se donnèrent à lui et le servirent, sans autre ambition que de l'aider, par leurs complaisances, à barrer la route à la monarchie.

Cette politique négative qui s'imposait à M. Thiers, pour sauvegarder la liberté de son action personnelle, les républicains l'ont apprise de lui. Ils l'ont appliquée et continuée depuis lors, au mépris de tous leurs engagements et de tous leurs principes. Peut-on dire qu'ils en aient une autre aujourd'hui?

Quand les incurables divisions du parti royaliste firent éclater, après le 24 mai, l'impossibilité de restaurer la monarchie, M. Gambetta et ses amis n'avaient qu'à presser la dissolution, pour disperser les éléments d'une coalition que M. le comte de Chambord s'était chargé de dissoudre. Fut-il jamais une heure plus propice pour associer le suffrage universel à la fondation du régime nouveau, et pour faire de la république, la forme mûrement délibérée de la démocratie triomphante?

Mais M. Gambetta avait perdu le souffle de 1870. La secrète contagion que développent les contacts de la

vic parlementaire l'avait transformé et comme amolli.
Il comprit les ressources imprévues qu'il pouvait tirer
des orléanistes et de leurs ressentiments. La position
des divers partis sur l'échiquier politique tenta le
joueur, et la république, pour laquelle il avait si fière-
ment réclamé jusque-là le grand jour d'une Constituante, devint, dans ses mains, l'enjeu de cette partie
louche, dont nous avons connu les péripéties, et qu'il
mena avec une rare dextérité. Il présenta la république
aux monarchistes tricolores comme une solution d'at-
tente qui leur permettrait de contenir le bonapartisme
renaissant et d'attendre que M. le comte de Chambord
leur fît la grâce de mourir.

Ce qui frappe, dans ces origines de la république,
c'est l'absence de toute doctrine, c'est le dédain de tous
les précédents, c'est l'abandon des principes élémentaires
qui, dans toutes les démocraties, président à l'organisation des pouvoirs publics et règlent leurs relations. La
république de 1875 n'est pas une institution. C'est une
arène ouverte à tous les partis et dans laquelle chacun
d'eux peut aspirer au pouvoir, à la condition de conquérir l'opinion, par la liberté de la presse et par la
liberté du suffrage. C'est le parlementarisme pur, dé-
gagé de toute application concrète, qui n'est contenu
et tempéré que par la sagesse du pouvoir législatif.
C'est, en un mot et dans sa réalité nue, le gouvernement du pays par une majorité omnipotente.

On reste confondu devant l'ignorance ou l'aveugle-
ment de ceux qui croient encore qu'un tel régime
puisse jamais devenir un gouvernement. Jamais pareil
défi ne fut jeté au bon sens et à l'expérience. Et cette
méconnaissance de tous les principes qui a créé les dif-

ficultés inextricables, dans lesquelles nous nous débattons, les républicains, par leur conduite, l'ont aggravée comme à plaisir, en s'aliénant les éléments les plus fermes et les plus sains de notre démocratie rurale.

L'Empire, quelle qu'eût été l'étendue de ses revers, laissait, en tombant, le souvenir des prospérités passées et des liens étroits qui, pendant vingt ans, l'avaient unit à ce peuple dont il avait protégé les intérêts avec une si constante sollicitude, et qui ne lui avait ménagé ni les acclamations ni les suffrages. La défaite avait ébranlé et obscurci la légende, mais le sentiment auquel répondait le gouvernement tombé est de ceux qu'on ne déracine pas au cœur de cette démocratie laborieuse et sensée qui a l'instinct des nécessités du pouvoir et qui veut être gouvernée.

Étrange inconséquence ! Il n'y a pas d'injures et d'outrages dont les républicains n'aient accablé, dans nos campagnes, tous ces braves gens qui ont gardé, comme par miracle, la juste notion de l'autorité.

Et cependant entre ces deux partis quelle communauté de sentiments ! Comme les républicains, les bonapartistes répugnent à la domination de toute bourgeoisie dirigeante, comme eux, ils ont la passion de l'égalité, comme eux, ils entendent que le prêtre reste à l'autel et n'empiète pas sur l'administration civile, comme eux, ils ne reconnaissent d'autre autorité que celle qui émane des suffrages de la nation. L'Empire leur avait donné à peu près tout cela, et ils lui en savaient gré. Eh bien, c'est là le parti démocratique que les républicains ont systématiquement livré aux états-major réactionnaires, quand il leur était si facile de le désarmer et de le conquérir.

Un prince s'est trouvé, à qui la mort d'un enfant héroïque donnait, contre toutes les prévisions, la direction de ce parti. Il n'avait qu'un mot à dire pour en faire l'armée d'un prétendant. Ce mot, on le sollicitait de lui au nom d'une hérédité qu'avait fixée le plébiscite ; on l'attendait de son ambition. Avec cet esprit ouvert aux nécessités de son temps, et dont nul n'oserait contester ni l'élévation ni la clairvoyance, ce prince dégageant l'idée napoléonienne des formes passagères qu'elle a successivement revêtues, tentait, on sait au prix de quels déchirements, de rallier le parti impérialiste à la république et de lui en inspirer le respect. « Nous ne sommes pas une hérédité, disait-il avec un désintéressement qui était le gage de sa sincérité, car l'hérédité et le suffrage universel sont inconciliables. Nous sommes et nous devons rester la grande école du pouvoir élu dans la démocratie française. »

Et ce prince, les républicains l'ont frappé de l'ostracisme comme un simple prétendant.

Quand on remonte à la cause de ces erreurs et de ces fautes, quand on essaie de pénétrer le mystère de l'aveugle acharnement avec lequel les républicains ont répudié les alliances naturelles, pour courir après les concours hypocrites des orléanistes déguisés en républicains conservateurs, on est conduit à cette conclusion sur laquelle il ne faut pas se lasser de ramener l'attention publique : La république n'a pas de pire ennemi que le parlementarisme. C'est lui, et lui seul qui l'a empêché jusqu'ici de se constituer d'après les principes éprouvés de la démocratie et d'en sauvegarder les intérêts.

M. Thiers, posant une alternative que l'expérience a

démentie, a dit un jour ce mot qui est passé à l'état de lieu commun : la république sera conservatrice on elle ne sera pas.

Avec plus de raison, nous pouvons dire aujourd'hui : la république cessera d'être parlementaire ou elle ne sera plus.

VI

A quel degré d'anarchie parlementaire ce pays doit-il tomber pour que l'impossibilité de gouverner plus longtemps par les Chambres apparaisse enfin à tous les yeux ?

Cette démocratie à laquelle on a fait, je ne sais pourquoi, la réputation d'être difficile à conduire a pour le pouvoir au contraire d'inépuisables trésors de longanimité. Sa vitalité est telle, sa constitution économique est si puissante, son épargne se reconstitue avec une telle rapidité que les effets d'un mauvais gouvernement s'y font sentir plus lentement que partout ailleurs. Mais qu'on le sache bien ; si la France n'est pas au bout de son crédit, elle est au bout de sa patience.

Les républicains feront bien d'y penser. Quand la vérité éclatera, quand il sera établi que les hommes ne sont pour rien dans nos disgrâces, que tout le mal tient à une organisation vicieuse dont il faut se délivrer à tout prix, quand la démonstration se fera, non sur des incidents secondaires dont les esprits éclairés comprennent

seuls les suites, mais sur un de ces événements décisifs
qui engagent la fortune et la grandeur de la patrie, il
sera trop tard pour accomplir les réformes nécessaires.
Le peuple, dans ses heures d'affolement, ne s'attarde pas
aux questions constituantes; il se donne à un homme et
s'en remet à lui. Gardons-nous de pareilles aventures,
et, s'il est vrai que le césarisme soit un danger, hâ-
tons-nous de rompre avec un régime, qui, en exaspérant
les intérêts, suscite et justifie la dictature.

Les républicains ont usé leurs forces à défendre un
système de gouvernement, qu'ils ont commis l'impar-
donnable faute d'accepter, mais dont ils ont le droit et
le devoir de se dégager, car il est en contradiction avec
leurs traditions et leur doctrine. La république ne réduira
ses ennemis à l'impuissance que le jour où, se dégageant des compromis qui en ont faussé tous les ressorts,
elle se montrera assez forte pour se réformer. Les
gouvernements monarchiques qui l'ont précédée ont
échoué à l'épreuve. Il lui appartient de la surmonter.

Quelle que soit la procédure à laquelle on s'arrête,
il est impossible d'admettre que la revision ne soit
précédée par des élections générales. Préoccupons-nous
de créer un esprit public. Pourquoi une grande commission extra-parlementaire ne serait-elle pas instituée
par un acte législatif? Cette commission d'études, dans
laquelle, à côté des membres pris dans les deux Chambres, siégeraient les hommes éminents qui ont fait des
questions constitutionnelles l'objet de leurs études et de
leurs méditations, entendrait les délégués des assem-
blées locales. Elle réunirait les éléments de cette grande
enquête, elle en préciserait les résultats, et donnerait
ainsi au suffrage universel, qu'il s'agisse d'un Congrès

ou d'une Constituante, le moyen de choisir des mandataires avec lesquels il serait en communauté de sentiments et d'opinion. Plaçons-nous donc, et dès à présent, en face d'une éventualité dont les républicains peuvent sourire encore, mais à laquelle ils n'échapperont pas.

Il y a en France un parti, un grand parti, dont les éléments s'ignorent et se cherchent encore, et qui, pour exercer sur les destinées du pays une influence décisive, n'a qu'à appliquer sa force à la poursuite d'un but pratique et précis.

Il suffit que quelques hommes d'initiative et de bon sens fixent les principes essentiels qui constituent son unité. Ce parti se compose de tous ceux qui croient et qui voient qu'on ne peut pas, à moins de conduire le pays à sa perte, gouverner une démocratie, comme la nôtre, par des Ministères soumis aux caprices et aux intrigues d'une majorité législative.

Les hommes qui pensent ainsi, vous les rencontrerez tous les jours, à chaque pas, dans toutes les sphères sociales et, j'ose le dire sous tous les drapeaux. Ce que nous appelons le régime parlementaire, le paysan l'a déjà désigné par ce mot simple et cru : le gouvernement des bavards.

Jamais sentiment ne fut plus général et plus puissant, et ceux qui le partagent forment dans le pays de véritables légions.

Mais deux conditions s'imposent à la formation de ce parti.

Il faut d'abord qu'il accepte loyalement la république, et qu'on ne puisse pas douter de la sincérité de son adhésion.

Et pourquoi hésiterait-il ?

La république n'est-elle pas l'adversaire logique du régime parlementaire et de ses fictions? Ne voit-on pas que, tandis que la monarchie est fatalement conduite à le maintenir et à s'abriter derrière lui, la République, en substituant le principe électif au principe héréditaire, peut seule nous délivrer des dangers du gouvernement collectif. Elle seule, en effet, a la possibilité d'assurer la séparation des pouvoirs en distinguant l'Exécutif qui gouverne, du Législatif qui contrôle et qui fait les lois?

Frédéric Bastiat a écrit : « Le ministère doit-il se recruter dans la Chambre? L'Angleterre dit : oui, et s'en trouve mal. L'Amérique dit : non, et s'en trouve bien. 89 adopta la pensée américaine, 1814 préféra l'idée anglaise. »

N'oublions jamais cette distinction capitale qui donne à la forme républicaine, dans toute démocratie, une supériorité éprouvée.

C'est donc au nom de la République, c'est dans l'intérêt de la République, c'est avec le respect conséquent de son principe, qu'il faut ouvrir la campagne contre le parlementarisme, notre seul ennemi.

Mais ce n'est point assez, et si nous voulons que les adversaires du régime parlementaire puissent se grouper dans une action commune, gardons-nous avec soin de toute formule étroite et exclusive. Bornons-nous à poser les principes, et laissons à chacun la liberté d'en rechercher la meilleure application.

On peut concevoir de bien des façons l'élection du chef de l'Exécutif. Les uns s'attachent à l'élection par le suffrage universel. Les autres, que les entraînements d'une élection plébiscitaire alarment, insistent pour qu'elle émane d'un corps électoral spécial.

Ce qui importe, avant tout, c'est que le Président de la République ait une origine distincte des Chambres, c'est qu'il gouverne, pendant la durée de son mandat, sous sa responsabilité, par des ministres pris hors des Chambres et qui ne soient pas sous la dépendance du parlement. — Voilà ce qui est vraiment substantiel dans la doctrine.

Ce simple programme, si on le veut bien, fera vite son chemin, car il répond aux préoccupations de tous ceux, qui, frappés à la fois de l'impuissance des partis monarchiques et de l'inanité des partis intermédiaires, s'attachent à la République comme à leur suprême ressource, et ne veulent pas désespérer d'en faire un gouvernement.

N'est-ce point là le terrain d'un rapprochement nécessaire?

Si les républicains répugnent à relever l'exécutif, c'est qu'ils ont peur de le voir aux mains des ennemis de la république, instrument ou complice de leurs desseins.

Si les conservateurs ont douté de la république, s'ils sont allés trop souvent porter leurs suffrages à ses ennemis, c'est qu'ils l'ont crue jusqu'ici réfractaire à la constitution de l'autorité.

Dissiper les ombrages des républicains contre le pouvoir exécutif, en étudiant loyalement avec eux les garanties que la souveraineté du peuple exige; — réconcilier avec la République les partisans d'un gouvernement stable et fort, voilà vraiment l'œuvre des bons citoyens.

Cette œuvre rencontrera, il est aisé de le prévoir, de vives résistances dans les états majors politiques qui vivent du parlementarisme et de ses instabilités. Mais elle a, pour surmonter tous les obstacles, deux leviers puissants que les partis ne briseront pas : la leçon des choses — et le bon sens public.

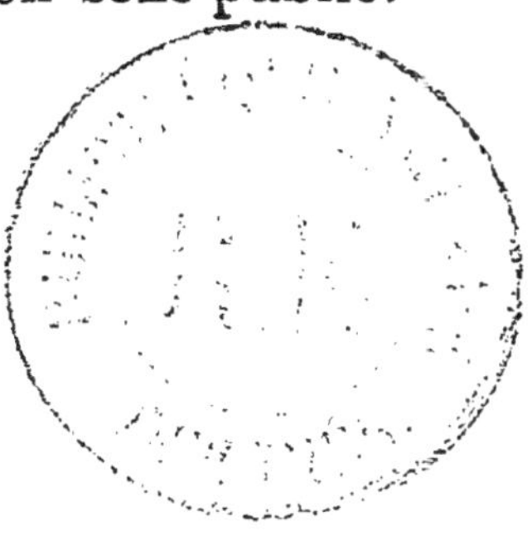

Imprimerie de Poissy. — S. Lejay et Cie.

9 782011 766328